Poissons et crustacés

SOLAR

De la mer et d'ailleurs

Une profusion de saveurs

Poissons, crustacés et fruits de mer se prêtent à une infinie variété de recettes, de la plus simple à la plus sophistiquée et de celle à réserver aux grands jours à la plus économique. Atout supplémentaire et non moins appréciable : poissons et fruits de mer possèdent de remarquables qualités nutritives. Ils sont riches en protéines, en vitamines et en minéraux, ils sont pauvres en graisse et très digestes. Les poissons gras possèdent en outre la particularité de contenir des acides gras qui protègent les artères si bien qu'ils contribuent à combattre le mauvais cholestérol. Les poissons sont différenciés en fonction de leur milieu. Les poissons d'eau douce vivent dans les eaux stagnantes : étangs et lacs, ou courantes : fleuves, rivières et ruisseaux. Sur plus de 5 000 espèces de poissons d'eau douce connues, seules quelques-unes présentent un intérêt culinaire. Les poissons marins abondent dans toutes les mers du globe. Grâce aux nouvelles techniques de pêche et de surgélation, on les trouve désormais sur tous les étals. Les poissons qui passent d'un milieu à l'autre, anguilles ou saumons, sont dits « migrateurs ». On associe aux poissons les crustacés – crevettes, homards ou langoustines –, les coquillages – moules, praires ou Saint-Jacques – et les mollusques auxquels appartiennent les calmars et les poulpes.

1

LE HOMARD (à gauche) est le plus gros des crustacés, il possède deux pinces de grosseurs différentes ; à la différence de la langouste, il est dépourvu d'antennes sensorielles.

1 LES FINES HERBES, aneth, persil, basilic, coriandre, cerfeuil ou ciboulette parfument subtilement les plats de poisson et ajoutent une petite touche de couleur.

2 LES DORADES, royales, roses ou grises, de Méditerranée ou de l'Atlantique, ont une chair fine et savoureuse qui se prête à de nombreuses préparations.

3 **LES COQUILLES SAINT-JACQUES** sont reconnaissables à leur coquille striée en éventail ; elles peuvent mesurer jusqu'à 13 centimètres. La taille, la forme et la couleur des HUÎTRES varient selon les espèces et les habitats.

4 **LES TOURTEAUX** présentent une robuste carapace dorsale de forme ovale dont le bord antérieur est marqué d'entailles régulières.

5 **LES MOULES** sont des mollusques bivalves particulièrement résistants répandus dans le monde entier ; les plus fines sont les moules dites de « bouchot ».

6 **LES CALMARS** possèdent un corps allongé à rond, la bouche est entourée d'une couronne de dix tentacules.

7 **LES CREVETTES** constituent une immense famille de 350 espèces dont un dixième environ présente un intérêt commercial. D'aspect très variable, elles ont pour traits communs un abdomen allongé et la même forme de tête au profil en triangle.

6

7

LES TRUITES véritables sont les truites arc-en-ciel et les truites de rivière. Les truites de mer et les truites saumonées s'apparentent au saumon. Les truites de torrent sont une rareté !

LE SAUMON est à la fois un poisson de mer et d'eau douce. Celui que l'on trouve sur nos étals est habituellement d'élevage mais la qualité gustative du saumon sauvage reste inégalée.

LE SANDRE vit dans les eaux douces tempérées de nos régions. On en trouve également d'élevage.

LES SARDINES sont des petits poissons, cousins du hareng, aux jolis flancs argentés, que l'on consomme surtout l'été.

LA LOTTE de mer ou baudroie est d'aspect si peu engageant qu'elle est vendue sans tête.

LE THON, blanc ou rouge, est un poisson gras vendu en tranches, plus rarement en filets.

LE BAR, appelé également loup de mer en raison de sa voracité, est un poisson maigre à la chair très estimée.

Pas à pas

Conseils et tours de main

Poissons et fruits de mer présentent l'intérêt majeur de se prêter à une infinie variété de préparations et de ne pas nécessiter de longs temps de cuisson. Au four, en cocotte, à la vapeur, au court-bouillon, mariné ou fumé : les apprêts les plus simples les transforment en mets de choix. Une huile de qualité, un bon beurre, un bouquet de fines herbes, une cuisson impérativement à feu doux et le tour est joué. À condition, bien entendu, que le produit mis en œuvre soit d'une qualité irréprochable. La fraîcheur d'un poisson se reconnaît à son œil bombé et brillant – il ne doit être ni concave ni blanchâtre ou voilé – et à sa peau qui doit être naturellement brillante et ne présenter aucune marque ou blessure. Sa couleur doit être vive et irisée, le mucus bien transparent, la chair ferme et les branchies d'un beau rose vif et bien mobiles. Et surtout : un poisson frais n'a pas d'odeur !

Préparer des coquilles Saint-Jacques

1 Nettoyez les coquilles sous l'eau courante avec une brosse.

2 Posez la coquille sur un torchon, côté plat sur le dessus, et tenez-la dans une main.

3 Avec la pointe d'un couteau solide et pointu, cherchez l'ouverture entre les deux valves, enfoncez la lame et sectionnez le muscle.

4 Faites pivoter le couteau pour séparer les deux valves et détachez les chairs en glissant le couteau dessous.

5 Coupez les barbes grises et frangées pour dégager la noix (muscle blanc) et le corail (orange).

6 Passez les noix sous l'eau courante pour enlever tout reste de sable.

Préparer un fumet de poisson

1 Mettez les têtes, les arêtes et les parures dans une passoire et nettoyez-les jusqu'à ce que l'eau soit bien claire.

2 Faites suer parures et légumes avec une grosse noix de beurre, versez le liquide, ajoutez les aromates et portez à ébullition.

3 Maintenez 20 minutes à petit frémissement, récipient à demi-couvert et écumez régulièrement.

4 Tapissez un chinois de papier absorbant. Filtrez aussitôt le fumet avant qu'il ne gélifie en refroidissant.

Nettoyer des moules

1 Brossez et grattez soigneusement les moules une par une sous l'eau courante.

2 À l'aide d'un couteau, ôtez le byssus, le faisceau de filaments qui apparaît entre les valves.

Faire frire un poisson

1 Lavez le poisson évidé, épongez-le, salez et poivrez-le, y compris à l'intérieur. Placez une branche de persil dans l'abdomen.

2 Versez de la farine dans une assiette. Farinez le poisson en le roulant puis secouez-le pour ôter l'excédent.

3 Faites frire le poisson dans un mélange huile-beurre 6 à 8 minutes à feu doux, arrosez-le constamment avec la graisse de cuisson.

4 Tournez le poisson avec une pelle à frire et poursuivez la cuisson 5 à 6 minutes jusqu'à ce que le poisson soit bien doré.

Tapas et entrées

Filets de dorade
aux olives et aux oignons

Rapidement préparée, cette association originale séduira les plus exigeants. Un vrai régal !

Pour 4 personnes

1 citron vert

1 belle **dorade** en filets

2 gros **oignons**

2 c. à s. d'**huile de tournesol**

Sel

Poivre du moulin

1 bouquet de **persil** plat

1 petit bouquet de **coriandre**

1 bouquet de **ciboulette**

2 c. à s. d'**huile d'olive**

30 g d'**olives** noires

Préparation

1 Pressez le citron vert. Lavez les filets de dorade, épongez-les, placez-les dans un plat et arrosez-les de jus de citron. Couvrez le plat et faites macérer le poisson 30 minutes au réfrigérateur.

2 Préchauffez le four à 200 °C. Épluchez les oignons, détaillez-les en rondelles. Faites chauffer l'huile dans une poêle et faites fondre les rondelles d'oignon sans leur faire prendre couleur. Salez, poivrez.

3 Lavez et essorez le persil et la coriandre. Laissez les queues de côté et hachez grossièrement les feuilles. Lavez et ciselez finement la ciboulette. Mélangez le tout.

4 Enduisez d'huile d'olive un plat à bords hauts type moule à soufflé. Placez la moitié des rondelles d'oignon au fond du plat. Essuyez les filets de dorade, salez et poivrez-les puis déposez-les sur le lit d'oignons. Couvrez avec le mélange de fines herbes, répartissez le reste d'oignon et parsemez d'olives noires. Enfournez à mi-hauteur et faites cuire 20 minutes. Servez au sortir du four.

Sous l'appellation « dorade » sont vendus différents poissons appartenant à la même famille comme la bogue, le pageau ou le denté rebaptisés dorade grise ou dorade rose. La vraie dorade, la dorade royale, a une chair ferme d'un blanc nacré et peu d'arêtes.

Carpaccio
de la mer

Merveille de délicatesse : l'alliance de deux aristocrates de la mer pour une entrée particulièrement raffinée

Pour 4 personnes

1 petit bouquet de **ciboulette**

2 **filets de sole** crus

4 tranches fines de **saumon** en gravlax

125 g de **mesclun**

1 c. à s. d'**huile de pépin de raisin**

2 c. à s. d'**huile de noix**

1 **citron**

Fleur de **sel** de Guérande

Poivre du moulin

Préparation

1 Lavez, essorez soigneusement et ciselez la ciboulette.

2 Placez les filets de sole entre deux feuilles de papier alu et aplatissez-les délicatement du plat de la main.

3 Ôtez le papier alu. Recouvrez chaque filet de deux tranches de saumon et parsemez de ciboulette. Formez deux petits rouleaux en commençant à rouler par le petit côté et mettez-les 15 minutes au congélateur.

4 Épluchez, lavez et essorez la salade. Dressez-la sur les assiettes de service. Sortez les rouleaux du congélateur. À l'aide d'un couteau bien aiguisé, découpez-les en tranches les plus fines possibles. Disposez les tranches de carpaccio sur le mesclun.

5 Mélangez les deux huiles et arrosez délicatement la préparation. Saupoudrez de fleur de sel, donnez quelques tours de moulin à poivre. Servez avec le citron en quartiers, des tranches de baguette légèrement grillées et un vin blanc frais sec et fruité comme un sancerre ou un pinot gris d'Alsace.

Le gravlax est une spécialité suédoise de fines tranches de saumon frais, mariné avec de l'aneth, du poivre, du sel et du sucre. (Voir p. 40.)

Lotte grillée à l'ail

Préparation

1 Passez rapidement les tranches de lotte sous l'eau froide, épongez-les, posez-les dans un plat. Mélangez l'huile, le sel et le poivre, versez sur le poisson. Couvrez, laissez macérer 1 heure au frais.

2 Pendant ce temps, épluchez la gousse d'ail et hachez-la finement. Lavez le persil, égouttez-le et hachez-le finement également. Mélangez soigneusement les deux hachis.

3 Préchauffez le gril du four ou allumez le barbecue. Sortez les tranches de lotte de la marinade, épongez le surplus d'huile avec du papier absorbant et posez-les sur la grille. Faites griller environ 5 minutes de chaque côté à feu modéré.

4 Lavez le citron à l'eau chaude, coupez-le en rondelles. Répartissez le hachis d'ail et de persil sur les tranches de lotte grillées et servez-les accompagnées de rondelles de citron.

Pour 4 personnes

4 tranches de **lotte**

5 cl d'**huile d'olive**

Sel

Poivre du moulin

1 petite gousse d'**ail**

1 petit bouquet de **persil** plat

1 **citron**

Pour 4 personnes

16 **gambas** crues

2 gousses d'**ail**

1 **piment** fort

4 c. à s. d'**huile d'olive**

Sel

Poivre du moulin

100 g de **farine**

Quelques feuilles de **persil** plat

ou de **cerfeuil**

Gambas sautées à l'ail

Préparation

1 Décortiquez les gambas. Ôtez le filament noir (l'intestin) à l'aide d'un petit couteau pointu. Passez-les rapidement sous l'eau froide et épongez-les soigneusement.

2 Épluchez les gousses d'ail, fendez-les en deux. Ouvrez le piment, enlevez les graines, lavez et épongez-le.

3 Faites chauffer l'huile dans une poêle et faites revenir les gousses d'ail et le piment 2 minutes environ jusqu'à ce que l'ail prenne très légèrement couleur. Ôtez le piment.

4 Salez et poivrez les gambas, farinez-les légèrement et faites-les sauter 2 minutes de chaque côté dans l'huile parfumée. Parsemez de quelques feuilles de persil ou de cerfeuil. Servez sans attendre.

Aumônières de saumon aux asperges vertes

Effet garanti ! Une présentation à la fois superbe et spectaculaire pour un délice qui vous vaudra tous les suffrages

Pour 4 personnes

800 g d'**asperges** vertes

Sel

1 **citron**

6 c. à s. d'**huile d'olive**

Poivre du moulin

2 c. à s. de **ciboulette** ciselée

10 cl de **crème fraîche**

400 g de **fromage frais**

12 grandes tranches de **saumon fumé**

12 brins de **ciboulette**

Quelques feuilles de **salade**

Préparation

1 Lavez les asperges, ne pelez que le tiers inférieur et coupez-les en diagonale en tronçons de 4 cm environ. Jetez les asperges coupées dans une grande quantité d'eau bouillante salée, faites-les cuire 8 minutes environ puis plongez-les dans de l'eau glacée et égouttez-les.

2 Pressez le citron. Préparez une vinaigrette avec l'huile, 1 cuillerée à s. de jus de citron, du sel, du poivre. Ajoutez 1 cuillerée à s. de ciboulette ciselée. Versez cette sauce sur les asperges, remuez délicatement et laissez macérer 20 minutes.

3 Mélangez la crème fraîche et le fromage frais, salez, poivrez, ajoutez quelques gouttes de citron et incorporez le reste de ciboulette ciselée.

4 Étalez les tranches de saumon fumé, disposez une cuillerée de la préparation au centre de chacune d'elles. Formez les aumônières en remontant les bords des tranches et liez-les avec 1 brin de ciboulette.

5 Décorez les assiettes avec les feuilles de salade. Répartissez les asperges sur la salade et dressez 3 aumônières sur chaque assiette.

Les premières asperges apparaissent sur nos marchés à la fin du mois de mars. On reconnait leur fraîcheur à une belle couleur franche, à la fermeté des bourgeons et aux tiges qui doivent être cassantes.

Tartare de thon
à la doucette

Cru, le thon s'avère un poisson délicat au goût particulièrement fin.
Associé au cerfeuil et aux petits oignons nouveaux, il devient exceptionnel !

Pour 4 personnes

400 g de **thon** cru très frais (en tranche épaisse ou en filet)

Sel fin

Fleur de **sel** de Guérande

Poivre du moulin

1 c. à s. d'**huile de pépin de raisin**

3 c. à s. de pluches de **cerfeuil**

4 petits **oignons** blancs nouveaux

150 g de **doucette** (mâche)

2 **citrons**

4 **ciboules** avec leur vert

Préparation

1 Ôtez la peau et l'arête centrale du thon s'il y a lieu, passez-le rapidement sous l'eau froide, épongez-le à fond et hachez-le au couteau. Salez et poivrez généreusement, ajoutez 1 cuillerée à soupe d'huile de pépin de raisin et 2 cuillerées de pluches de cerfeuil, mélangez. Réservez au frais.

2 Épluchez les petits oignons et coupez-les en très fines rondelles. Préparez la doucette, ne conservez que les plus belles rosettes.

3 Lavez les citrons à l'eau chaude, coupez-les en quartiers. Épluchez et lavez les ciboules en conservant les tiges, coupez-les en deux, fendez plusieurs fois les tiges sur la longueur.

4 Divisez le tartare de thon en quatre parts égales et disposez au centre des assiettes de service en formant des petits dômes. Parsemez de fleur de sel. Répartissez la doucette, les rondelles d'oignons et les demi-ciboules autour du tartare. Servez frais saupoudré de pluches de cerfeuil et accompagné d'un quartier de citron.

Le thon est un poisson saisonnier. Vous ne trouverez du thon blanc frais que pendant les quatre mois d'été, du thon rouge sur une période plus longue. Mais le thon surgelé, que vous trouverez toute l'année, est parfaitement adapté à cette préparation.

Salades et soupes

Crevettes en salade
de mesclun au poivron

Aussi colorée que relevée, cette salade d'été aux saveurs mêlées va réveiller et enchanter les papilles !

Pour 4 personnes

125 g de **mesclun**

1 petit **poivron** rouge

2 petites **tomates**

6 c. à s. d'**huile d'olive**

1 c. à s. de **vinaigre balsamique**

1 c. à s. de **câpres**

Sel

Poivre du moulin

300 g de queues

de **crevettes** crues

Préparation

1 Épluchez, lavez et essorez le mesclun. Raccourcissez les tiges les plus longues, recoupez les feuilles si besoin. Ouvrez le poivron, ôtez les graines et les membranes blanches, lavez-le, émincez-le finement. Lavez les tomates, coupez-les en quartiers.

2 Dans un bol, préparez une vinaigrette en fouettant le vinaigre avec le sel, le poivre, les câpres, puis 4 cuillerées à soupe d'huile.

3 Faites sauter les crevettes dans l'huile restante jusqu'à ce qu'elles prennent couleur. Laissez tiédir hors de la poêle.

4 Dans un grand saladier, mélangez délicatement le mesclun, les quartiers de tomates, les lamelles de poivron et les crevettes sautées. Dressez cette salade sur des assiettes individuelles et arrosez de vinaigrette au moment de servir.

Mélange de salades dont la composition peut varier au fil des saisons et selon l'humeur du maraîcher, le mesclun n'est plus réservé aux seuls marchés de Provence (*mesclun* signifie « mélange » en provençal). Sa saveur douce-amère s'accorde également très bien avec l'avocat qui pourra ici remplacer le poivron.

Salade de la mer
aux asperges

Cette salade des grands jours necessite quelque investissement,
mais quelle récompense !

Pour 4 personnes

2 beaux filets de **sole**

Quelques feuilles d'**épinard** nouveau

Sel • **Poivre** du moulin

4 **asperges** blanches

4 **asperges** vertes • 3 **tomates**

4 petits **oignons** nouveaux

125 g de **mesclun**

200 g de filets de **lotte**

4 noix de **Saint-Jacques**

Pour la vinaigrette :

1/2 c. à c. de **moutarde** à l'estragon

Sel • **Poivre** du moulin

2 c. à s. de **vinaigre** d'estragon

2 c. à s. de **fumet de poisson**

4 c. à s. d'**huile de noix**

1 c. à s. d'**huile de pépin de raisin**

Préparation

1 Aplatissez les filets de sole entre deux feuilles de papier alu. Lavez les feuilles d'épinard, faites-les blanchir puis plongez-les dans l'eau glacée et égouttez-les. Enduisez les filets de sole de sel et de poivre et recouvrez-les d'une couche de feuilles d'épinard. Roulez les filets et mettez-les 15 minutes au congélateur pour les raidir.

2 Lavez et pelez les asperges (seulement le tiers inférieur des vertes). Portez une grande quantité d'eau salée à ébullition, baissez le feu et faites cuire les asperges blanches environ 20 minutes, les vertes 8 minutes.

3 Plongez les tomates 15 secondes dans l'eau bouillante, pelez et épépinez-les. Coupez-les en très petits dés. Épluchez les petits oignons, lavez-les, émincez-les en fines rondelles. Préparez le mesclun.

4 Coupez la lotte en fines goujonnettes (bâtonnets), salez et disposez-les dans le panier du cuit-vapeur. Faites cuire 3 minutes à couvert.

5 Découpez les rouleaux de sole en tranche de 0,5 cm d'épaisseur. Mettez-les dans le panier du cuit-vapeur à la place des goujonnettes de lotte et faites-les cuire 3 minutes environ. Procédez de même avec les noix de Saint-Jacques coupées transversalement en deux.

6 Tapissez les assiettes de mesclun. Disposez les asperges coupées en tronçons, les oignons émincés, les poissons et les Saint-Jacques sur la salade. Mélangez bien tous les ingrédients de la vinaigrette et versez sur la préparation. Parsemez de concassée de tomates, donnez quelques tours de moulin à poivre. Servez.

Méli-mélo
de fruits de mer en gratin

L'association fruits de mer-petits légumes frais séduit d'emblée, le délicat gratin final ajoute une délicieuse note croustillante

Pour 4 personnes

150 g de **coquillages** décoquillés (moules, coques...)

150 g de **crevettes** cuites décortiquées

1 c. à s. de jus de **citron**

1 c. à s. de sauce **soja**

1 **échalote** • 1 **carotte**

2 branches de **céleri**

50 g de **beurre**

1 gousse d'**ail**

Sel • **Poivre** du moulin

125 g de **pois** gourmands

8 **tomates** cerises

1 petit bouquet de **ciboulette**

1 **œuf** dur

12,5 cl de **crème fraîche**

70 g d'**emmenthal** râpé

Préparation

1 Mettez les coquillages et les crevettes à mariner 30 minutes dans le mélange jus de citron-sauce soja.

2 Épluchez l'échalote, hachez-la finement. Épluchez la carotte, détaillez-la en rondelles fines. Effilez le céleri, lavez-le, coupez-le en petits tronçons.

3 Dans une poêle, faites fondre l'échalote avec une grosse noix de beurre, ajoutez les rondelles de carotte et le céleri. Faites revenir 5 minutes puis ajoutez la gousse d'ail pressée.

4 Salez, poivrez, déglacez avec un demi-verre d'eau. Passez les légumes dans une passoire, recueillez le jus de déglaçage.

5 Lavez et faites blanchir les pois gourmands 3 minutes à l'eau bouillante salée. Égouttez. Lavez et coupez les tomates en deux. Lavez, essorez et ciselez la moitié de la ciboulette. Écalez l'œuf dur, coupez-le en petits dés.

6 Mélangez la crème fraîche, le fromage râpé, la ciboulette ciselée, l'œuf dur et le jus de déglaçage. Salez et poivrez au goût. Préchauffez le four à 180 °C.

7 Mélangez délicatement tous les légumes avec les coquillages marinés et versez l'appareil dans un plat à four beurré. Nappez de crème au fromage, enfournez à mi-hauteur et faites gratiner 20 minutes environ. Servez décoré de brins de ciboulette.

Salade de moules
à l'avocat

Préparation

1 Pelez, épépinez et concassez les tomates préalablement ébouillantées. Épluchez et hachez les échalotes. Lavez et égouttez les germes.

2 Ouvrez l'avocat, ôtez le noyau, pelez-le et détaillez la pulpe en morceaux d'environ 2 centimètres de longueur.

3 Mélangez les ingrédients de la vinaigrette. Mélangez délicatement tomates, échalotes, avocat et germes et incorporez la vinaigrette.

4 Brossez, grattez et lavez les moules sans les laisser tremper. Jetez toutes celles qui sont ouvertes. Faites ouvrir les autres à feu vif dans un grand faitout couvert, avec le fumet de poisson ou le vin blanc. Secouez vigoureusement le faitout de temps à autre pour les faire tourner.

5 Décoquillez les moules. Mélangez délicatement tous les ingrédients. Présentez décoré de persil, de ciboulette ou d'aneth.

Pour 4 personnes

2 **tomates** • 2 **échalotes**

120 g de **germes** mélangés

(soja, germes de blé, alfa-alfa...)

1 **avocat**

1 kg de **moules**

25 cl de **fumet de poisson**

(ou de vin blanc sec)

Pour la vinaigrette :

2 c. à s. de **vinaigre** de cidre

Sel • **Poivre** du moulin

3 c. à s. d'**huile d'olive**

1 c. à s. d'**huile de tournesol**

Pour 4 personnes

1 **poivron** jaune

1 gros **oignon** blanc

50 g d'**olives noires**

7 c. à s. d'**huile d'olive**

2 c. à s. de **vinaigre** de cidre

1 gousse d'**ail** hachée

Sel • **Poivre** du moulin

1 c. à s. d'**origan** frais

(ou de marjolaine, ou de basilic)

300 g d'anneaux d'**encornets**

(surgelés ou frais)

Jus de 1/2 **citron**

Salade tiède d'encornets aux olives

Préparation

1 Coupez le poivron en deux, ôtez les graines et les membranes blanches, lavez-le, émincez-le finement. Épluchez l'oignon et émincez-le. Coupez les olives en lamelles en tournant autour du noyau.

2 Préparez une vinaigrette avec 4 cuillerées à soupe d'huile, le vinaigre, l'ail haché, du sel, du poivre. Versez sur les légumes émincés, ajoutez l'origan et mélangez intimement. Laissez mariner 20 minutes.

3 Rincez les anneaux d'encornet à l'eau froide, épongez-les soigneusement. Faites chauffer 3 cuillerées à soupe d'huile d'olive dans une poêle et faites-les sauter 8 minutes à feu vif. Salez, terminez la cuisson 2 minutes à couvert.

4 Égouttez les anneaux d'encornet, laissez-les tiédir, arrosez de jus de citron puis mélangez-les délicatement à la salade. Servez aussitôt.

Mille-feuilles de crabe aux tomates

Une **présentation** superbe

pour une merveilleuse salade de **fête** simple à préparer et délicieuse

Pour 4 personnes

3 c. à s. d'**huile d'olive**

1 c. à s. de **vinaigre balsamique**

Sel

Poivre du moulin

1 petit bouquet de **ciboulette**

200 g de chair de **crabe**

1 c. à s. de sauce **soja**

3 grosses **tomates** bien mûres

Quelques feuilles

de **salade** mêlée

Persil plat ou **cerfeuil**

pour décorer

Préparation

1. Préparez la vinaigrette dans un bol. Lavez, égouttez et ciselez la ciboulette.
2. Émiettez les deux tiers de la chair de crabe. Ajoutez la ciboulette et la moitié de la vinaigrette. Goûtez. Rectifiez l'assaisonnement si besoin.
3. Émiettez finement le dernier tiers de chair de crabe. Aromatisez avec la sauce soja.
4. Ébouillantez puis pelez les tomates. Coupez-les en fines rondelles, disposez-en trois sur chaque assiette de présentation.
5. Posez un emporte-pièce rond au centre d'une assiette, remplissez-le de crabe à la vinaigrette, posez une rondelle de tomate, étalez une fine couche de crabe au soja, terminez par une rondelle de tomate. Ôtez délicatement l'emporte-pièce. Procédez de même pour chaque assiette.
6. Coupez les feuilles de salade en chiffonnade, assaisonnez avec le reste de vinaigrette et disposez sur les mille-feuilles de crabe. Décorez avec quelques feuilles de persil ou de cerfeuil.

Noix de Saint-Jacques
au pamplemousse rose

Coquilles Saint-Jacques et salicornes : un avant-goût de paradis pour les fins gourmets amateurs d'originalité !

Pour 2 personnes

100 g de **salicornes** fraîches (ou, à défaut, d'asperges vertes ou de haricots verts)

Sel

1 **pamplemousse** rose

30 g de **beurre**

24 noix de **Saint-Jacques** miniatures

Poivre du moulin

Préparation

1 Lavez les salicornes (les asperges ou les haricots verts) et faites-les cuire 8 minutes à l'eau bouillante salée. Sortez-les de l'eau à l'écumoire et plongez-les dans l'eau glacée.

2 Pelez le pamplemousse à vif, ôtez la fine peau blanche de chaque quartier. Récupérez le jus.

3 Faites chauffer 15 g de beurre dans une poêle et saisissez les noix de Saint-Jacques 1 minute à feu vif. Salez, poivrez, ajoutez le jus du pamplemousse et laissez réchauffer. Réservez au chaud dans un plat creux.

4 Faites chauffer le reste du beurre dans la même poêle et faites revenir les salicornes en les imprégnant bien de beurre chaud. Salez, poivrez.

5 Dressez les noix de Saint-Jacques, les quartiers de pamplemousse et les salicornes sur les assiettes de service. Servez sans attendre.

Originaire des côtes atlantiques, la salicorne ou haricot de mer ressemble à une algue mais est en réalité une plante herbacée qui pousse dans les terres salées. Vous en trouverez, fraîches, chez certains poissonniers, ou en conserve dans les épiceries fines, celles-ci étant toutefois moins adaptées à notre recette.

Truite de mer marinée
à la scandinave

Préparation

1 Passez rapidement les filets de truite de mer sous l'eau froide. Mélangez et écrasez dans un mortier le sel, le sucre, les graines de coriandre et le poivre. Lavez, égouttez et ciselez finement l'aneth.

2 Posez les filets côté peau dans un plat creux. Arrosez-les de cognac (ou d'aquavit) et répartissez le mélange de baies concassées et d'aneth sur chacun d'eux.

3 Posez les filets l'un sur l'autre côté peau à l'extérieur, couvrez de papier alu et posez par-dessus une assiette ou une planchette lestée d'un poids. Laissez macérer au moins 2 jours au réfrigérateur.

4 Au moment de servir, épongez soigneusement les filets et découpez-les en fines escalopes. Lorsque cette recette se fait avec du saumon on l'appelle *gravlax*.

Pour 6 à 8 personnes

1 **truite** de mer de 1,2 kg environ

(préparée en 2 filets avec leur peau)

2 c. à s. de gros **sel** de mer

1 c. à s. de **sucre** en poudre

1 c. à c. de graines de **coriandre**

1 c. à c. de **poivre** blanc

1 petit bouquet d'**aneth**

2 cl de **cognac** (ou d'aquavit)

Pour 4 personnes

1 petit bouquet d'**aneth**

2 **citrons**

6 c. à s. d'**huile d'olive**

Sel (une pincée)

Poivre du moulin

700 g de **maquereaux** fumés

1 **oignon**

Poisson fumé à la nordique

Préparation

1 Lavez, égouttez et ciselez l'aneth. Pressez et recueillez le jus d'un citron. Lavez l'autre à l'eau chaude et coupez-le en rondelles.

2 Préparez une marinade avec le jus de citron, 5 cuillerées à soupe d'huile, le sel, le poivre et l'aneth haché. Détaillez les maquereaux en morceaux plutôt longs et arrosez-les de marinade. Couvrez et laissez macérer 30 minutes au réfrigérateur.

3 Pendant ce temps, épluchez l'oignon et coupez-le en rondelles. Mettez le reste d'huile à chauffer dans une poêle, faites fondre l'oignon sans lui laisser prendre couleur et ajoutez-le à la marinade.

4 Présentez le maquereau dans sa marinade avec les rondelles d'oignon. Servez accompagné de pain et de beurre doux.

Nage de langouste
aux tomates

Accord parfait de la chair moelleuse de la langouste et d'une nage à la tomate aux parfums délicats

Pour 4 personnes

2 **langoustes** (de 500 g. env.)

Sel • **Poivre** en grains

1 c. à c. d'**anis** étoilé

1 c. à c. de graines de **fenouil**

500 g de **tomates** bien mûres

1 **oignon** • 2 **carottes**

180 g de **céleri-rave**

6 c. à s. d'**huile d'olive**

3 c. à s. de **vin blanc** sec

1 l de **bouillon de légumes**

1 feuille de **laurier**

1 branche de **thym**

1 blanc de **poireau**

1 petite **courgette**

Préparation

1 Lavez les langoustes à l'eau courante. Plongez-les 2 minutes dans une grande quantité d'eau salée (3 l) portée à ébullition avec l'anis étoilé, le poivre et les graines de fenouil. Coupez la source de chaleur et laissez les langoustes tiédir 15 minutes dans le bouillon.

2 Sortez les langoustes du bouillon. Détachez les queues des têtes. Décortiquez toutes les chairs, ouvrez les queues aux ciseaux dans le sens de la longueur. Ôtez le petit cordon noir (intestin) le long de la queue, nettoyez rapidement sous l'eau si besoin, épongez. Découpez la queue en médaillons.

3 Ébouillantez, pelez et épépinez les tomates. Concassez-en grossièrement la moitié, détaillez le reste en dés. Épluchez l'oignon, 1 carotte et 100 g de céleri et détaillez en julienne. Faites chauffer 2 cuillerées à soupe d'huile d'olive dans une casserole. Faites suer les carcasses quelques minutes puis ajouter l'oignon, la carotte et le céleri émincés. Poursuivez la cuisson 2 minutes, mouillez avec le vin blanc puis avec le bouillon.

4 Ajoutez la concassée de tomates, la feuille de laurier, le thym et faites mijoter 15 minutes à feu doux. Laissez reposer 5 minutes puis passez la nage au chinois.

5 Épluchez et lavez le céleri restant, la carotte, le blanc de poireau et la courgette. Détaillez tous ces légumes en julienne, faites-les sauter avec le reste d'huile. Égouttez.

6 Réchauffez rapidement les dés de tomates ainsi que les médaillons et la chair de langouste dans la nage. Servez avec les légumes sautés dans des assiettes creuses préalablement chauffées.

Bouillabaisse
et sa rouille

Il existe autant de **recettes** de bouillabaisses que de cuisinières.
Celle-ci a le **mérite** d'être à la fois simple à préparer et très goûteuse

Pour 4 personnes

500 g de **poisson** en filets
(lotte, rouget, dorade, congre...)
4 gousses d'**ail** • 1 branche de **thym**
20 cl d'**huile d'olive**
2 branches de **fenouil**
1 écorce d'**orange** séchée
Safran en filament
300 g de **vénus**
Sel • 1 blanc de **poireau**
1 branche de **céleri**
1/2 bulbe de **fenouil**
2 grosses **tomates** bien mûres
1 c. à s. de **pastis**
3 c. à s. de **vin blanc**
3/4 l de **fumet de poisson**
Poivre • **1 pomme de terre** cuite
1 **poivron** rouge en conserve
1 jaune d'**œuf**

Préparation

1 Détaillez le poisson en gros cubes. Épluchez et hachez 2 gousses d'ail. Mélanger les cubes de poisson avec l'ail haché, 2 cuillerées à soupe d'huile d'olive, les branches de thym et de fenouil, l'écorce d'orange et 3 filaments de safran. Faites macérer 30 minutes à couvert.

2 Lavez les coquillages à fond, jetez tous ceux déjà ouverts. Faites ouvrir les autres 5 minutes à feu vif, sortez-les de leurs coquilles, réservez-les au chaud. (Pour la présentation, vous pouvez en garder quelques-uns dans leur coquille.)

3 Épluchez, lavez et détaillez le poireau, le céleri et le fenouil en petits dés. Concassez grossièrement la chair des tomates. Faites chauffer 2 cuillerées à soupe d'huile d'olive dans une poêle et faites revenir les légumes. Mouillez avec le pastis et le vin blanc, versez le fumet de poisson et maintenez frissonnant 5 minutes. Réservez.

4 Préparez une rouille douce : dans un mortier, pilez 2 gousses d'ail, un petit poivron doux détaillé en dés et soigneusement épongé, l'équivalent de 2 cuillerées à soupe de pomme de terre cuite et trois filaments de safran. Quand le mélange est homogène, ajoutez le jaune d'œuf et montez ensuite la rouille en mayonnaise en versant l'huile en filet. Détendre avec une cuillerée à soupe de bouillon.

5 Ajoutez les cubes de poisson et le safran de la marinade au bouillon et faites cuire pendant 5 minutes puis ajoutez les coquillages et laissez réchauffer quelques instants avant de servir. Présentez avec la rouille et des tranches de baguette grillées.

Velouté de tourteau à l'américaine

Grand classique de la cuisine américaine, ce velouté de crabe est à la carte de tous les *seafood restaurants* de la côte Est

Pour 4 personnes

2 **tourteaux** cuits

70 g de **lard fumé**

1 petit **oignon**

2 **pommes de terre** moyennes

1/8 l de **fumet de poisson**

10 cl de **lait**

10 cl de **crème fraîche**

25 g de **beurre**

Sel

Poivre du moulin

2 c. à s. de **persil** haché

Préparation

1 Décortiquez les crabes. Détaillez le lard fumé en petits dés. Épluchez et hachez finement l'oignon. Épluchez et détaillez les pommes de terre en petits dés.

2 Faites fondre le lard 3 minutes à la poêle. Ajoutez l'oignon et poursuivez la cuisson 5 minutes à feu moyen.

3 Mouillez avec le fumet de poisson et 0,5 l d'eau. Ajoutez les dés de pomme de terre et portez vivement à ébullition. Baissez la source de chaleur et poursuivez la cuisson 15 minutes environ à petits bouillons jusqu'à ce que les pommes de terre soient cuites.

4 Ajoutez la chair des tourteaux puis incorporez le lait, la crème fraîche et le beurre. Salez, poivrez, poursuivez la cuisson à feu moyen encore une minute.

5 Ajoutez le persil au moment de servir. Présentez bien chaud accompagné de petits pains individuels ou de tranches de baguette.

Il est toujours préférable de choisir des tourteaux frais, bien vivants. Pour les cuire, portez une grande quantité de court-bouillon à ébullition. Plongez-y les tourteaux et laissez-les cuire 15 minutes à l'eau frémissante. Laissez-les tiédir avant de les décortiquer.

Zarzuela
au piment d'Espelette

Préparation

1 Lavez les parures de poisson sous l'eau froide. Épluchez les gousses d'ail. Portez 1,5 l d'eau salée à ébullition, jetez-y 1 gousse d'ail, le thym, 3 pincées de piment d'Espelette et les parures de poisson. Faites cuire 20 minutes à petits bouillons. Passez au chinois.

2 Épluchez les oignons. Lavez les poivrons, ouvrez-les en deux, égrenez-les. Émincez les oignons et les poivrons. Hachez les 2 gousses d'ail restantes. Épluchez et coupez les pommes de terre en rondelles.

3 Faites chauffer l'huile dans une poêle et faites-y revenir les légumes 8 à 10 minutes. Ajoutez les tomates grossièrement concassées, le safran et 3 nouvelles pincées de piment d'Espelette.

4 Dans une grande cocotte, versez, dans l'ordre, les légumes revenus, le poisson puis les crevettes. Mouillez avec le bouillon de poisson, amenez à ébullition et faites mijoter 20 minutes à couvert. Servez parsemé de persil.

Pour 4 personnes

1 kg de parures de **poisson**

3 gousses d'**ail** • 1 branche de **thym**

1 c. à c. de **piment** d'Espelette

Sel • 2 gros **oignons**

1 **poivron** rouge • 1 **poivron** vert

500 g de **pommes de terre**

5 c. à s. d'**huile d'olive**

2 **tomates** charnues épluchées

1 pincée de **safran**

600 g de **poisson** ferme en filets

200 g de grosses **crevettes**

2 c. à s. de **persil** haché

Pour 4 personnes

Pour le bouillon :

1,2 kg de parures de **poissons** nobles (sole, turbot, bar...)

1 **bouquet** garni • 30 g de **beurre**

Poivre blanc en grains • **Sel** de mer

1/2 verre de **vin blanc**

Pour la garniture :

1 douzaine d'**huîtres**

2 **tomates** charnues

1 c. à s. de **Noilly Prat**

Quelques feuilles d'**estragon** (ou de basilic)

Soupe d'huîtres aux tomates

Préparation

1 Faites suer dans le beurre les parures avec le bouquet garni, salez, ajoutez le poivre, le vin blanc et 1 litre d'eau. Maintenez l'ébullition 20 minutes puis filtrez soigneusement.

2 Ouvrez les huîtres, recueillez leur eau, ajoutez-la au fumet. Sortez les huîtres de leur coquille. Réservez.

3 Ébouillantez, épluchez et épépinez les tomates. Coupez-les grossièrement en petits dés et ajoutez-les au fumet. Poursuivez la cuisson du fumet à petits bouillons 3 à 4 minutes puis ajoutez les huîtres. Faites-les pocher 2 minutes dans le liquide frissonnant.

4 Ajoutez le Noilly, rectifiez l'assaisonnement si besoin. Parsemez de feuilles d'estragon. Servez immédiatement.

Velouté de poireaux
à la truite fumée

Merveilleuse combinaison de parfums : la truite fumée transforme ce velouté en une entrée particulièrement raffinée

Pour 4 personnes

1 **oignon** • 1 **carotte**

2 blancs de **poireaux**

1 c. à s. de **beurre**

1 c. à s. de **farine**

25 cl de **bouillon de légumes**

12,5 cl de **vin blanc**

4 c. à s. de **crème fraîche**

Sel • **Poivre** du moulin

4 pincées de **muscade** râpée

4 filets de **truite** fumée

1 c. à s. d'**aneth** haché

Préparation

1 Épluchez et hachez l'oignon. Épluchez, lavez et détaillez la carotte en brunoise. Lavez et émincez les blancs de poireaux.

2 Faites fondre le beurre dans une casserole et faites revenir l'oignon et la carotte 3 minutes à feu moyen. Saupoudrez de farine et mélangez jusqu'à ce qu'elle soit complètement absorbée. Mouillez avec le bouillon de légumes, complétez avec un petit verre d'eau et portez vivement à ébullition.

3 Ajoutez les poireaux émincés et poursuivez la cuisson de la soupe 10 minutes à feux doux. Quand les légumes sont cuits, réduisez en purée au mixeur plongeant, passez au tamis si nécessaire.

4 Ajoutez le vin, relancez l'ébullition et laissez frémir 2 minutes. Hors du feu, ajoutez la crème fraîche, salez modérément, muscadez (ne poivrez pas, les poireaux le sont naturellement). Battez brièvement au fouet à sauce pour parfaire le velouté.

5 Détaillez les filets de truite en bouchées, répartissez-les dans des assiettes creuses. Versez dessus le velouté très chaud. Parsemez de brins d'aneth pour servir.

Remplacez les blancs de poireaux par un demi-céleri rave, l'aneth par du persil plat, et vous obtiendrez un velouté de céleri à la truite fumée tout aussi délicieux.

Marmites et fricassées

Filets de sole
à l'orange

Préparation simplissime **pour une entrée délicate**
et d'une grande originalité

Pour 4 personnes

4 filets de **sole**

2 c. à s. de **beurre** fondu

Sel • **Poivre** du moulin

1/2 **citron**

2 **oranges**

1 blanc de **poireau**

1 noix de **beurre**

1 pincée de **Cayenne**

12,5 cl de **bouillon de légumes**

3 c. à s. de **crème fraîche**

1 c. à s. d'**amandes** effilées

Préparation

1 Badigeonnez les filets de sole de beurre fondu. Salez, poivrez, parsemez de quelques gouttes de citron.

2 Pelez les oranges à vif. Coupez-les en tranches que vous recouperez en deux ou en quatre. Récupérez le jus.

3 Lavez le blanc de poireau, détaillez-le en lanières.

4 Faites fondre le blanc de poireau à la poêle avec une noix de beurre. Ajoutez la pincée de Cayenne. Mouillez avec le bouillon de légumes, portez brièvement à ébullition.

5 Déposez délicatement les filets de sole dans le bouillon et faites-les cuire 3 minutes à couvert. Ôtez les filets de la poêle, réservez-les au chaud.

6 Incorporez les morceaux d'orange et le jus récupéré dans la sauce, portez à ébullition, incorporez alors la crème fraîche, rectifiez l'assaisonnement si besoin. Portez de nouveau à ébullition. Dressez les filets dans des assiettes individuelles, nappez de sauce à l'orange, parsemez d'amandes effilées et servez sans attendre.

Saint-Pierre
à l'émulsion de poivrons

Un des grands aristocrates de la mer associé à de fines rondelles de légumes frits : une recette pleine de soleil !

Pour 4 personnes

2 **échalotes** • 2 **poivrons** rouges

Sel • 6 c. à s. d'**huile d'olive**

1 gousse d'**ail**

1 petite branche de **thym** frais

12,5 cl de **vin blanc** sec

15 cl de fumet de **poisson**

1 **aubergine** longue

2 petites **courgettes**

Poivre du moulin • **Farine**

2 c. à s. de **beurre**

1 beau **Saint-Pierre**

(1,4 kg préparé en filets)

4 c. à s. de **beurre** très froid

Basilic

Préparation

1 Épluchez et hachez finement les échalotes. Épluchez, égrenez et détaillez les poivrons en dés.

2 Faites fondre les échalotes avec 2 cuillerées à soupe d'huile d'olive. Ajoutez la gousse d'ail épluchée et pressée, les dés de poivron et le thym effeuillé. Faites rapidement revenir sans cesser de tourner puis mouillez avec le vin blanc et le fumet de poisson. Couvrez, poursuivez la cuisson 8 minutes environ.

3 Lavez et détaillez l'aubergine et les courgettes en rondelles très fines. Farinez ces chips de légume et faites-les frire en plusieurs fournées, à la poêle, dans de l'huile d'olive très chaude. Égouttez sur du papier absorbant.

4 Faites chauffer le beurre dans une poêle et faites braiser doucement les filets de poisson sans leur laisser prendre couleur. Salez, poivrez, réservez au chaud.

5 Réduisez les poivrons en purée à l'aide d'un mixeur plongeant, passez-la au tamis puis incorporez le beurre détaillé en parcelles en fouettant vigoureusement. Ajoutez le basilic ciselé, salez, poivrez. Dressez le poisson sur les assiettes de service, nappez d'émulsion aux poivrons et garnissez de chips de légumes.

Pour éplucher facilement les poivrons, faites-les cuire 20 à 30 minutes au four (240 °C) en les retournant plusieurs fois puis enveloppez-les dans du papier journal et laissez-les reposer 20 nouvelles minutes. La peau se détachera sans effort.

Moules
à la provençale

Tomates, ail, huile d'olive, basilic : une recette aux saveurs d'été
pour retrouver le soleil des vacances

Pour 4 personnes

500 g de **tomates** bien mûres

4 gousses d'**ail**

1 bouquet de **basilic**

Poivre du moulin

8 c. à s. d'**huile d'olive**

1 kg de **moules**

Préparation

1 Ébouillantez, pelez, épépinez et concassez grossièrement les tomates.

2 Épluchez et hachez très finement les gousses d'ail. Lavez, égouttez et ciselez le basilic, très finement également.

3 Dans un bol, mélangez intimement la concassée de tomates, le basilic, l'ail et 5 cuillerées à soupe d'huile d'olive. Poivrez généreusement. Ne salez pas.

4 Brossez, grattez et lavez les moules sans les laisser tremper. Jetez toutes celles qui sont ouvertes. Faites ouvrir les autres à feu vif avec 3 cuillerées à soupe d'huile d'olive dans un grand faitout couvert. Secouez vigoureusement le faitout pour les retourner. Égouttez les moules, conservez 6 cuillerées à soupe de jus de cuisson.

5 Remettez le faitout sur le feu, faites réduire le jus de cuisson réservé et ajoutez le hachis de tomates. Faites vivement chauffer, remettez les moules et toujours sur le feu mélangez intimement pour bien enrober les coquillages. Servez sans attendre.

Si vous aimez les plats très relevés, vous pouvez ajouter une pincée de piment langue d'oiseau, mais attention, cette recette contient déjà beaucoup d'ail.

Thon
à l'étouffée

Préparation

1 Lavez rapidement la tranche de thon à l'eau froide. Épongez-la soigneusement. Salez, poivrez.

2 Épluchez, lavez et détaillez les blancs de poireaux en fines rondelles. Faites chauffer le beurre dans une poêle et faites-leur très légèrement prendre couleur à feu doux. Mouillez avec le vin blanc, salez, poivrez, muscadez.

3 Couvrez. Faites cuire les blancs de poireaux 5 minutes à feu doux.

4 Posez la tranche de thon sur les poireaux et poursuivez la cuisson 30 minutes à couvert et à feu doux. À mi-cuisson, incorporez la crème fraîche aux poireaux et retournez le poisson.

5 Dressez les poireaux sur le plat de service, couchez dessus la darne de thon. Présentez parsemé de feuilles de menthe fraîche.

Pour 4 personnes

1 belle tranche de **thon**

Sel de mer

Poivre du moulin

2 beaux blancs de **poireaux**

4 c. à s. de **beurre**

10 cl de **vin blanc** sec

10 cl de **crème fraîche**

Noix de **muscade** râpée

Feuilles de **menthe** fraîche

Pour 4 personnes

800 g de filets de **dorade**

2 c. à s. de **beurre** fondu

Sel

Poivre du moulin

500 g de **haricots** beurre

3 c. à s. d'**huile d'olive**

3 c. à s. d'**échalote** hachée

1/2 c. à c. de graines de **fenouil**

1 branche de **sarriette**

25 cl de **fumet de poisson** (facultatif)

1/2 **citron**

Dorade aux haricots beurre

Préparation

1 Lavez les filets de poisson, épongez-les. Badigeonnez-les généreusement de beurre fondu, coupez-les en morceaux puis salez et poivrez-les. Ôtez les extrémités, effilez et lavez les haricots.

2 Mettez l'huile à chauffer dans une grande poêle et faites fondre les échalotes. Quand elles sont transparentes, ajoutez les haricots et les aromates.

3 Salez, poivrez, mouillez avec un verre d'eau ou de fumet de poisson, couvrez et faites mijoter 15 minutes à feu moyen.

4 Posez le poisson sur les haricots, couvrez et poursuivez la cuisson 10 à 15 minutes à feu doux. Dressez sur le plat de service, arrosez de quelques gouttes de citron, parsemez de feuilles de persil pour décorer.

Pavés de turbot
à la vinaigrette d'olives

Grand seigneur de nos côtes, le turbot est ici accommodé avec une vinaigrette d'olives aux accents méditerranéens

Pour 2 personnes

2 beaux pavés de **turbot**

Fleur de sel de Guérande

Poivre du moulin • **Sel**

400 g de **légumes** en julienne

(carottes, poivrons, courgettes...)

4 c. à s. d'**huile d'olive**

5 cl de **bouillon de légumes**

60 g d'**olives** vertes et noires

1 **citron**

1 c. à c. de feuilles de **thym**

2 c. à s. de **beurre**

Préparation

1 Lavez et épongez les pavés de turbot. Enduisez-les de fleur de sel et de poivre.

2 Faites revenir la julienne de légumes avec 2 cuillerées à soupe d'huile d'olive dans une sauteuse. Salez, poivrez, versez le bouillon. Couvrez et poursuivez la cuisson 5 minutes à petits frémissements.

3 Dénoyautez les olives si besoin, faites-les blanchir 6 à 8 minutes dans une bonne quantité d'eau puis égouttez-les et hachez-les. Dans un bol, mélangez le reste d'huile d'olive, les feuilles de thym et quelques gouttes de jus de citron. Ajoutez le hachis d'olives, mélangez bien.

4 Faites fondre le beurre dans une poêle et faites dorer les pavés de turbot 5 minutes environ à feu doux en les retournant une fois.

5 Répartissez la julienne de légumes sur des assiettes individuelles, dressez les pavés de turbot au centre et nappez-les de vinaigrette d'olives. Servez aussitôt.

Le turbot sauvage est l'un des poissons les plus onéreux de nos étals, relativement rare et exceptionnellement savoureux. Le turbot d'élevage est beaucoup plus abordable, désormais très répandu, mais il ne possède pas les remarquables qualités gustatives du turbot sauvage.

Encornets braisés au vin blanc

Préparation

1 Videz et lavez les encornets. Ôtez le bec corné qui se trouve au centre de la tête. Coupez les corps en rondelles, conservez les tentacules intacts. Dans une sauteuse, faites-les suer leur eau à feu vif avec 2 cuillerées à soupe d'huile d'olive.

2 Ébouillantez, pelez, épépinez et concassez les tomates. Épluchez et hachez finement l'ail et les échalotes.

3 Une fois l'eau des encornets complètement évaporée, versez le reste d'huile et ajoutez la concassée de tomates, l'ail, l'échalote, le morceau de sucre. Faites revenir 3 minutes, salez, poivrez, puis mouillez avec le vin blanc.

4 Couvrez et faites mijoter les encornets 30 minutes en vous assurant que la sauce ne réduit pas trop. (Ajoutez un peu d'eau si nécessaire.) Présentez parsemé de basilic ciselé ou de persil.

Pour 4 personnes

1,2 kg d'**encornets**

5 c. à s. d'**huile d'olive**

4 **tomates** charnues

4 **échalotes**

2 gousses d'**ail**

1 morceau de **sucre**

25 cl de **vin blanc** sec

Sel

Poivre du moulin

Basilic ou **persil**

Pour 4 personnes

1 **aubergine** • 2 **courgettes**

1 **poivron** rouge • 1 **poivron** vert

1 gros **oignon**

2 **tomates**

800 g de **lotte**

5 c. à s. d'**huile d'olive**

Sel • **Poivre** du moulin

1 gousse d'**ail** hachée

2 branches de **thym**

1 branche de **romarin**

1 c. à c. de **concentré de tomates**

Basilic

Lotte
à la ratatouille

Préparation

1 Parez, lavez et détaillez séparément l'aubergine, les courgettes, les poivrons, l'oignon et les tomates en petits dés. Coupez la lotte en médaillons.

2 Dans une sauteuse, faites fondre l'oignon avec 3 cuillerées à soupe d'huile d'olive. Quand il est translucide, ajoutez les poivrons. Faites-les revenir 5 minutes à feu doux puis ajoutez les tomates et faites cuire l'ensemble 5 minutes de plus. Sortez les légumes de la sauteuse. Réservez au chaud.

3 Versez le reste d'huile dans la sauteuse et faites vivement revenir les dés de courgettes et d'aubergine. Quand ils ont pris couleur, incorporez les légumes réservés. Salez, poivrez, ajoutez l'ail haché, le thym et le romarin. Mélangez, couvrez et faites cuire à feu doux 20 minutes.

4 Posez les médaillons de lotte sur les légumes, arrosez-les d'un peu de jus de ratatouille, couvrez et faites-les cuire 5 minutes à feu moyen. Parsemez de basilic frais ciselé.

Filets de saumon
au riesling et aux raisins

Une véritable recette gastronomique et une merveilleuse sauce salée/sucrée pour faire honneur au roi des poissons

Pour 4 personnes

4 filets de **saumon**

Sel • **Poivre** du moulin

2 **oignons** violets

2 **poireaux**

40 cl de **riesling**

1 feuille de **laurier**

Poivre en grains

400 g de **tagliatelles**

300 g de **raisin blanc** à gros grains

2 c. à s. de **beurre**

3 c. à s. de **crème fraîche**

Préparation

1 Lavez et épongez les filets de saumon. Salez et poivrez-les. Épluchez les oignons. Émincez-en finement la moitié d'un, détaillez le reste en petits dés. Épluchez et lavez les poireaux. Détaillez le blanc en rondelles, le vert en fines lanières.

2 Portez le vin à ébullition. Jetez-y les dés d'oignon, le vert de poireau, la feuille de laurier et le poivre et faites réduire de moitié. Passez cette réduction au chinois, réservez.

3 Portez une grande quantité d'eau salée à ébullition et faites cuire les tagliatelles *al dente* selon les indications figurant sur l'emballage.

4 Pendant ce temps, ouvrez les grains de raisin, épépinez-les. Ôtez la peau si elle est très épaisse. Faites fondre le beurre dans une poêle et faites cuire les filets de saumon 5 minutes à feu moyen en les retournant une fois. Salez, réservez au chaud.

5 Dans une casserole, portez la réduction de vin à frémissement. Salez, ajoutez le demi-oignon émincé, le blanc de poireau et menez la cuisson à petits frémissements pendant 3 minutes. Incorporez la crème puis les grains de raisin. Rectifiez l'assaisonnement si besoin, donnez un tour de bouillon pour réchauffer.

6 Égouttez les pâtes, disposez-les dans le plat de service préchauffé. Dressez les filets de saumon sur les pâtes, nappez de sauce au riesling. Parsemez de persil ou d'aneth pour servir.

Lotte
aux tagliatelles fraîches

Préparation

1 Dans une petite casserole à fond épais, faites réduire le fumet de poisson et la crème de moitié. Lavez, égouttez et ciselez la ciboulette.

2 Détaillez la lotte en cubes. Dans une poêle, faites chauffer l'huile d'olive et faites cuire les cubes de poisson 2 à 3 minutes à feu moyen.

3 Portez une grande quantité d'eau salée à ébullition et faites cuire les tagliatelles *al dente* selon les indications figurant sur l'emballage. Égouttez, réservez.

4 Incorporez la ciboulette à la sauce, poivrez, salez si besoin. Versez les pâtes, la sauce, puis les cubes de lotte dans un plat creux et mélangez délicatement tous les ingrédients. Servez sans attendre.

Pour 4 personnes

20 cl de **fumet de poisson**

25 cl de **crème** liquide

1 bouquet de **ciboulette**

400 g de **lotte**

3 c. à s. d'**huile d'olive**

400 g de **tagliatelle** fraîches

Sel

Poivre du moulin

Pour 4 personnes

250 g de **petits pois** (surgelés)

3 petits **oignons** nouveaux

500 g de **riz** à grains ronds

250 g de blancs de **poulet**

1 c. à c. de **curry**

Sel

Poivre du moulin

5 c. à s. d'**huile d'olive**

300 g de queues de **crevettes**

Riz sauté aux crevettes et au poulet

Préparation

1 Faites cuire les petits pois 5 minutes à l'eau bouillante salée. Égouttez-les dans une passoire. Épluchez, lavez et émincez les oignons. Faites cuire le riz en suivant les indications figurant sur l'emballage.

2 Détaillez les blancs de poulet en lanières. Enrobez-les de sel, poivre et curry et laissez-les reposer 10 minutes.

3 Dans une grande poêle, faites dorer les lanières de poulet avec 3 cuillerées à soupe d'huile d'olive. Ajoutez les petits pois et les oignons et poursuivez la cuisson 3 minutes à feu moyen. Ajoutez alors le riz cuit, mélangez et prolongez à nouveau la cuisson de 3 minutes. Rectifiez l'assaisonnement si besoin.

4 Rincez et épongez soigneusement les crevettes. Faites-les sauter à feu vif une minute avec 2 cuillerées à soupe d'huile. Disposez-les sur le riz au poulet et servez.

Filets de dorade
aux spaghetti de légumes

Délicieuse association de légumes d'été et de saveurs marines **pour le** plaisir **de l'œil et du palais**

Pour 2 personnes

2 **carottes**

1 **courgette**

1 **échalote**

1 grosse **tomate**

5 c. à s. d'**huile d'olive**

1 c. à s. de **vinaigre balsamique**

Sel

Poivre du moulin

2 filets de **dorade**

(avec leur peau)

50 g de **spaghetti**

Préparation

1 Parez et lavez les carottes et la courgette. À l'aide d'un couteau, ou mieux d'un zesteur, détaillez-les en longues lanières de manière à former des spaghetti. Détaillez-en en brunoise l'équivalent de 2 cuillerées à soupe. Épluchez et hachez l'échalote. Incorporez-la à la brunoise de légumes.

2 Ébouillantez et pelez la tomate. Coupez-la en quatre, épépinez-la. Préparez une vinaigrette avec l'huile, le vinaigre, le sel et le poivre.

3 Salez et poivrez les filets de dorade. Disposez les spaghetti de légumes dans le panier du cuit-vapeur et posez les filets dessus. Salez généreusement l'eau et faites cuire 6 à 8 minutes à couvert. Réservez au chaud.

4 Portez une grande quantité d'eau salée à ébullition et faites cuire les spaghetti *al dente* en suivant les indications figurant sur l'emballage.

5 Égouttez les spaghetti, mélangez-les aux spaghetti de légumes. Assaisonnez avec 2 cuillerées à soupe de vinaigrette et formez deux rouleaux de spaghetti multicolores en vous aidant d'une grande fourchette de service.

6 Dressez chaque filet de dorade sur 2 quartiers de tomate et posez les rouleaux de spaghetti dessus. Disposez la brunoise autour du poisson. Arrosez du reste de vinaigrette.

Rôtis et grillades

Truite de mer
au barbecue

Saveur incomparable d'un poisson grillé au barbecue
et douceur acidulée des tomates : le plat idéal pour une soirée d'été

Pour 4 personnes

2 courgettes • 2 carottes

2 gros oignons nouveaux

Sel

Poivre du moulin

1 petit bouquet de persil

6 c. à s. d'huile d'olive

2 citrons

1 c. à s. de graines de cumin

4 pavés de truite de mer

Fleur de sel de Guérande

500 g de tomates cerises

Préparation

1 Parez et lavez les courgettes, les carottes et les oignons. Émincez les oignons. Détaillez les courgettes et les carottes dans le sens de la longueur en très fines lanières. Portez une grande quantité d'eau salée à ébullition et faites rapidement blanchir les lanières de légumes. Égouttez-les, réservez au chaud. Allumez le barbecue (à défaut, préchauffez le gril en fonte).

2 Lavez, égouttez et hachez le persil. Préparez l'assaisonnement en émulsionnant 4 cuillerées à soupe d'huile d'olive, le jus d'un citron avec le persil haché, les graines de cumin, du sel, du poivre.

3 Badigeonnez les pavés de truite d'huile d'olive, salez-les à la fleur de sel, poivrez-les. Lavez les tomates, badigeonnez-les également d'huile d'olive.

4 Posez les pavés de poisson sur le gril et faites-les doucement griller 10 minutes en tout. À mi-cuisson, retournez-les délicatement et mettez les tomates à cuire à leur tour.

5 Dressez les lanières de légumes et les pavés de truite sur 4 assiettes individuelles, garnissez avec les tomates grillées et arrosez de sauce au cumin. Présentez avec un citron coupé en quartier et une coupelle de fleur de sel de Guérande.

Les lanières de légumes sont un régal pour l'œil et le palais. Vous les obtiendrez facilement en coupant d'abord les légumes en fines tranches puis en détaillant celles-ci en longues lanières.

Filets de flétan
en papillotes

Magie de la papillote : elle retient tous les arômes
et préserve la chair délicate du poisson d'une chaleur trop forte

Pour 4 personnes

1 petit blanc de **poireau**

4 **olives** vertes farcies au poivron

2 petites branches de **thym** frais

1 **citron**

4 c. à s. de **beurre**

Sel

Poivre du moulin

2 filets de **flétan**

Préparation

1 Préchauffez le four à 200 °C. Parez et lavez le blanc de poireau. Détaillez-le en fines lanières d'environ 5 centimètres de longueur. Coupez les olives en petites rondelles.

2 Lavez le citron à l'eau chaude. Coupez-le en 4 rondelles très fines ou en quartiers.

3 Étalez 2 feuilles de papier sulfurisé (de 30 cm sur 20). Enduisez-les généreusement de beurre. Dressez un lit d'effilochée de poireau au centre de chaque feuille. Salez, puis disposez, dans l'ordre, les filets de flétan, les rondelles d'olives ainsi qu'une branche de thym grossièrement effeuillée et deux rondelles de citron par papillote. Parsemez de noisettes de beurre, salez, poivrez.

4 Formez les papillotes, fermez-les hermétiquement avec de la ficelle de cuisine et posez-les dans un plat à four. Enfournez à mi-hauteur et faites cuire environ 10 minutes. Présentez les papillotes ouvertes.

Turbot poêlé
aux girolles et aux crevettes

Le poisson aux girolles est un grand classique du Sud-Ouest.

Cette recette « inratable » enchantera vos invités

Pour 4 personnes

2 **carottes** • 2 **oignons**

2 branches de **céleri**

3 **tomates**

Quelques feuilles de **persil** plat

2-3 branches d'**estragon**

15 cl de **vin blanc** sec

150 g de **girolles**

2 **échalotes** hachées

50 g de **beurre**

Sel • **Poivre** du moulin

4 filets de **turbot**

2 c. à s. d'**huile d'olive**

20 queues de **crevettes**

Préparation

1 Épluchez, lavez et détaillez les carottes, les oignons et le céleri en morceaux de taille moyenne. Lavez et coupez les tomates en petits dés. Lavez, égouttez et ciselez grossièrement l'estragon. Lavez et égouttez le persil. Nettoyez soigneusement les girolles, évitez si possible de les laver.

2 Faites fondre 2 cuillerées à soupe de beurre dans une casserole à fond épais et faites revenir les carottes, les oignons et le céleri puis mouillez avec le vin blanc et un demi-verre d'eau. Ajoutez l'estragon, salez, poivrez, poursuivez la cuisson 20 minutes à petits frémissements.

3 Versez les légumes dans une passoire. Conservez le céleri. Recueillez le jus de cuisson, remettez-le sur le feu et ajoutez une noix de beurre, les dés de tomates et le persil. Portez à frémissement, couvrez et laissez mijoter 5 minutes.

4 Dans une petite poêle, faites fondre les échalotes hachées avec une cuillerée à soupe de beurre et faites revenir les girolles 6 minutes à feu doux sans cesser de remuer. Salez, poivrez, réservez au chaud.

5 Salez et poivrez les filets de turbot. Faites-les cuire dans une poêle 1 minute sur chaque face avec l'huile d'olive. Ajoutez les queues de crevettes, poursuivez la cuisson 2 minutes.

6 Dressez le céleri, les filets de turbot et les crevettes sur le plat de service. Arrosez de sauce à la tomate et au persil. Garnissez avec les girolles et éventuellement quelques salicornes (voir p. 38).

Sandre au beurre de cèpes sur le lit d'épinards

Préparation

1 Équeutez les épinards, ôtez les nervures les plus grosses, lavez-les dans plusieurs eaux. Faites-les blanchir 5 minutes à l'eau bouillante salée puis laissez-les en attente dans une passoire.

2 Lavez et épongez les filets de sandre. Incisez la peau en petits croisillons (voir illustration). Salez et farinez-les. Faites fondre 2 cuillerées à soupe de beurre dans une poêle et faites cuire les filets de poisson 5 minutes sur chaque face.

3 Épluchez et hachez les échalotes. Faites-en fondre un tiers avec une cuillerée à soupe de beurre. Quand les échalotes sont transparentes, ajoutez les épinards. Nettoyez soigneusement les cèpes et détaillez-les en brunoise. Faites-les revenir 5 minutes à feu moyen avec le reste d'échalotes hachées et 75 g de beurre. Salez, poivrez puis incorporez le reste de beurre bien froid en noisettes en fouettant énergiquement. Dressez les filets de sandre sur un lit d'épinards, arrosez de beurre de cèpes mousseux. Servez bien chaud.

Pour 4 personnes

500 g d'**épinards** frais

4 filets de **sandre** (avec leur peau)

Sel

Poivre du moulin

2 c. à s. de **farine**

180 g de **beurre**

6 **échalotes**

3 à 4 **cèpes** frais

Pour 4 personnes

4 grosses **tomates**

4 **oignons** nouveaux

1 **avocat**

1 petit bouquet de **basilic**

5 c. à s. d'**huile d'olive**

Jus de 1 **citron**

Sel • **Poivre** du moulin

1 pincée de **piment** de Cayenne

1 gousse d'**ail**

4 **darnes** de saumon

Persil plat

Fleur de **sel** de Guérande

Darnes de saumon grillé et salade bicolore

Préparation

1 Lavez les tomates, ôtez le pédoncule, coupez-les en dés. Épluchez, lavez et coupez les oignons en rondelles. Ouvrez l'avocat, ôtez le noyau, coupez la pulpe en dés.

2 Lavez, égouttez et ciselez le basilic. Réservez-en 1 cuillerée à soupe et mélangez le reste avec les oignons, les dés de tomates et d'avocat, 3 cuillerées à soupe d'huile d'olive, 1 cuillerée à soupe de jus de citron, du sel, du poivre. Laissez reposer.

3 Mélangez le reste de basilic ciselé avec 1 pincée de Cayenne et 2 cuillerées à soupe d'huile d'olive. Pressez la gousse d'ail épluchée, ajoutez-la à la préparation.

4 Badigeonnez les darnes de saumon d'huile pimentée et faites-les griller au barbecue ou sur un gril en fonte. Dressez les darnes sur la salade, décorez de quelques feuilles de persil et saupoudrez de fleur de sel avant de servir.

Colin
aux deux céleris

Les récipients en terre poreuse, type Römertopf sont les mieux adaptés à cette recette : ressortez-les de vos placards !

Pour 4 personnes

4 **filets** de colin

Sel • **Poivre** du moulin

300 g de **céleri-rave**

400 g de **carottes**

200 g de **céleri** en branches

2 **oignons**

1 petit bouquet de **persil**

50 g de **beurre**

25 cl de **bouillon de légumes**

Préparation

1 Mettez le récipient de cuisson à tremper au moins 15 minutes afin que la terre poreuse s'imprègne bien d'eau. Salez et poivrez les filets de poisson.

2 Épluchez et lavez le céleri-rave, citronnez-le pour qu'il ne noircisse pas. Épluchez et lavez les carottes, le céleri en branches et les oignons. Détaillez les légumes en bâtonnets, émincez les oignons. Lavez, égouttez et hachez le persil.

3 Faites fondre 2 cuillerées à soupe de beurre dans une poêle et faites revenir tous les légumes. Salez, poivrez, mouillez avec le bouillon. Ajoutez le persil haché et versez le tout dans la cocotte en terre.

4 Disposez les filets de poisson sur les légumes, parsemez de quelques noisettes de beurre et fermez la cocotte. Enfournez à mi-hauteur. Démarrez la cuisson à four froid et montez progressivement la température à 220 °C. Laissez alors mijoter 25 minutes.

5 Dressez les filets sur le plat de service. Mélangez une nouvelle fois les légumes puis répartissez-les autour du poisson.

À défaut de cocotte en terre poreuse, utilisez une cocotte en fonte mais veillez à ajouter 2 verres d'eau à la préparation. Vous pourrez commencer la cuisson à four chaud.

Dos de sandre
à l'indienne

Saveurs sucrées-salées et une épice exotique
transforment ce poisson de nos contrées en surprise culinaire

Pour 4 personnes

700 g de petites **carottes**
(avec leurs fanes)
2 **poires**
8 c. à s. d'**huile d'olive**
1/2 **citron**
Sel
Poivre du moulin
2 c. à s. de pluches de **cerfeuil**
4 pavés de **sandre**
1 pincée de **garam masala**

Préparation

1 Épluchez les carottes en conservant 2 centimètres de fanes. Lavez-les, coupez-les en quatre dans le sens de la longueur. Si besoin, recoupez transversalement les morceaux trop longs. Lavez les poires, coupez-les en quartier puis en lamelles épaisses.

2 Dans une poêle, faites revenir les carottes avec une cuillerée à soupe d'huile. Mouillez avec de l'eau petit à petit (env. 1 demi-verre) jusqu'à ce que les carottes soient tendres. Ajoutez les poires, faites-les rapidement revenir. Hors du feu, salez, poivrez, ajoutez le jus d'un demi-citron, 2 cuillerées à soupe d'huile d'olive et parsemez de pluches de cerfeuil. Gardez au chaud.

3 Détachez la peau des pavés de poisson, détaillez-la en morceaux de taille moyenne. Faites frire ces pétales de peau avec 2 cuillerées à soupe d'huile. Égouttez sur du papier absorbant, salez, poivrez.

4 Salez, poivrez et enduisez les pavés de sandre de garam masala. Faites chauffer le reste d'huile dans une poêle et faites-les cuire 1 minute sur chaque face.

5 Dressez les légumes sur le plat de service, disposez les pavés de sandre, garnissez avec les pétales croustillants.

Le garam masala est un mélange d'épices asiatiques destiné à « réchauffer » le corps. De composition variable, il comporte habituellement du clou de girofle, de la coriandre, de la noix de muscade et de la cannelle mais peut compter jusqu'à 13 épices différentes.

Gigot de lotte aux moules

Le gigot de lotte est un plat festif qui fait toujours l'unanimité,
la garniture de moules à la crème est un régal supplémentaire !

Pour 4 personnes

1 kg de **lotte** (dépouillée)

Sel • **Poivre** du moulin

700 g de **moules**

1 **échalote**

4 gousses d'**ail**

6 c. à s. d'**huile d'olive**

2 branches de **thym** en fleurs

20 cl de **vin blanc**

2 c. à s. de **crème fraîche**

80 g de **beurre** froid

Piment de Cayenne

1 c. à c. de jus de **citron**

2 c. à s. de **persil** haché

2 c. à s. de **basilic** ciselé

Graines de **fenouil**

Préparation

1 Préchauffez le four à 220 °C. Ôtez la fine peau qui recouvre la lotte, lavez-la, épongez-la. Brossez, grattez et lavez les moules sans les laisser tremper. Jetez toutes celles qui sont ouvertes ou abîmées.

2 Épluchez et hachez 1 gousse d'ail et l'échalote. Faites chauffer 2 cuillerées à soupe d'huile dans un grand faitout et faites-les revenir avec une branche de thym cassée en plusieurs morceaux.

3 Mouillez avec le vin blanc, portez à ébullition puis jetez les moules dans le faitout. Faites-les ouvrir à feu vif et à couvert en secouant régulièrement pour les retourner.

4 Sortez les moules à l'écumoire. Laissez-les tiédir puis ôtez-les de leurs coquilles. Passez le jus de cuisson au chinois et faites-le réduire de moitié dans une petite casserole. Réservez.

5 Dans une cocotte allant au four, faites revenir la lotte à feu vif avec 1 cuillerée à soupe d'huile d'olive. Rajoutez 2 cuillerées à soupe d'huile, les 3 gousses d'ail restant non pelées et faites rôtir la lotte de toutes parts. Salez, poivrez, ajoutez une branche de thym et poursuivez la cuisson 8 à 10 minutes dans le four préchauffé.

6 Pendant ce temps, incorporez la crème au jus de cuisson des moules et portez à ébullition. Ajoutez le piment de Cayenne, quelques gouttes de citron, puis incorporez le beurre coupé en parcelles en fouettant énergiquement. Ajoutez les moules, le persil et le basilic. Goûtez, rectifiez l'assaisonnement si besoin.

7 Dressez la lotte et sa garniture de moules sur le plat de service, parsemez de graines de fenouil concassées.

Bar farci
en croûte feuilletée

Un poisson **fin** et une superbe présentation
pour la recette des grands jours par **excellence**

Pour 4 personnes

2 × 300 g de **pâte feuilletée** (surgelée)

1 **bar** de 1 kg environ

400 g de queues de **crevettes** (cuites)

250 g de **crème fraîche**

4 **œufs**

4 c. à c. de **beurre de homard**

Fleur de **sel** de Guérande

Poivre du moulin

1 c. à s. d'**estragon** haché

Préparation

1 Faites décongeler la pâte feuilletée à température ambiante.

2 Demandez à votre poissonnier de vider le bar par les ouïes, de l'écailler avec soin et d'enlever l'arête centrale en l'ouvrant par le dos. Rincez-le sous l'eau courante et épongez-le. Si nécessaire, ôtez les arêtes restantes avec une pince à épiler.

3 Placez un bol, de préférence en métal, dans un récipient rempli de glaçons. Coupez les crevettes en petits morceaux et réduisez-les en purée avec un mixeur plongeant. Incorporez la crème, 3 œufs puis le beurre de homard en parcelles. Goûtez, rectifiez l'assaisonnement si besoin. Mettez 10 minutes au freezer. Préchauffez le four à 220 °C.

4 Abaissez les plaques de pâte feuilletée, avec un rouleau, de manière à obtenir deux rectangles un peu plus grands que le poisson. Tapissez la plaque à pâtisserie du four de papier sulfurisé, étalez une abaisse de pâte feuilletée au centre et posez dessus le bar enduit de fleur de sel, de poivre et d'estragon. Introduisez la farce à l'intérieur du poisson.

5 Séparez le blanc du jaune de l'œuf restant. Utilisez le blanc pour enduire les bords de pâte. Posez la deuxième abaisse de pâte sur le poisson et soudez les bords en suivant le contour du poisson. Coupez l'excédent avec une roulette à pâtisserie en conservant un bord d'environ 1,5 centimètre.

6 Utilisez l'excédent de pâte pour décorer le poisson. Dorez au jaune d'œuf et enfournez à mi-hauteur pour 30 minutes. La pâte doit dorer et gonfler. Laissez reposer au moins 5 minutes avant de découper.

Calmars marinés en friture

Préparation

1 Videz et nettoyez les calmars. Coupez les tentacules au ras des yeux de manière à conserver une couronne. S'ils sont petits, conservez-les entiers, sinon détaillez les corps en anneaux. Rincez, épongez.

2 Préparez une marinade avec le xérès, le jus de citron, quelques gouttes de sauce Worcestershire et un trait de Tabasco. Ajoutez les calmars et faites-les macérer 1 heure au frais.

3 Poivrez la farine. Égouttez soigneusement les calmars dans une passoire puis farinez-les de toutes parts. Secouez-les pour ôter tout excédent de farine.

4 Dans une friteuse, ou un faitout, portez l'huile à 180 °C et faites frire les calmars 3 à 4 minutes jusqu'à ce qu'ils soient dorés. Procédez par fournées de 5 à 6 pièces.

5 Égouttez les calmars sur du papier absorbant. Salez. Présentez avec des quarts de citron.

Pour 4 personnes

1,250 kg de petits **calmars**

(chipirons, petites seiches...)

40 cl de **xérès** sec

2 c. à s. de jus de **citron**

Sauce **Worcestershire**

Tabasco

150 g de **farine**

Poivre du moulin

Huile pour friture

Sel

2 **citrons**

Pour 4 personnes

500 g de petits **calmars**

Sel

8 **gambas**

8 petits **rougets**

8 petites **sardines**

Huile pour friture

Poivre du moulin

150 g de **farine**

2 **citrons**

Fleur de **sel** de Guérande

Fritto misto du soleil

Préparation

1 Préparez les calmars (voir ci-contre), faites-les blanchir 2 minutes à l'eau bouillante salée puis plongez-les dans l'eau glacée. Décortiquez les gambas, ne conservez que les queues. Ôtez l'intestin à l'aide d'un petit couteau pointu. Écaillez, lavez et épongez les rougets et les sardines. Ne les videz pas.

2 Portez l'huile à 180 °C. Salez, poivrez et farinez les poissons. Faites frire les poissons par portions : 3 à 4 minutes pour les calmars et les rougets, 2 minutes seulement pour les crevettes et les sardines. Retournez en cours de cuisson.

3 Déposez les poissons frits sur une plaque garnie de papier absorbant et gardez-les dans le four chaud à 50 °C. Pour servir, dressez le fritto misto sur un grand plat, saupoudrez généreusement de fleur de sel et garnissez de citrons coupés en rondelles ou en quartiers.

Moules farcies
à la bordelaise

Ainsi préparées, les moules prennent un petit air de fête
qui séduira même les gourmets les plus exigeants

Pour 4 personnes

36 grosses **moules** d'Espagne

1/2 verre de **vin blanc** sec

4 gousses d'**ail**

4 **échalotes**

2 c. à s. de **persil** haché

2 pincées d'**herbes** de Provence

4 à 5 c. à s. de **mie de pain**

(séchée et râpée)

4 c. à s. d'**huile d'olive**

1,5 c. à s. de **cognac**

Sel

Poivre du moulin

Préparation

1 Brossez, grattez et lavez les moules sans les laisser tremper. Jetez toutes celles qui sont ouvertes ou abîmées.

2 Faites ouvrir les moules avec le vin, à feu vif et à couvert, dans un grand faitout. Sortez-les moules ouvertes à l'écumoire, ôtez la coquille supérieure.

3 Tapissez un grand plat allant au feu d'une couche de gros sel et calez les moules les unes à côté des autres. Préchauffez le four à 220 °C.

4 Épluchez et hachez finement l'ail et les échalotes. Faites-les fondre doucement avec 4 cuillerées à soupe d'huile d'olive. Ajoutez le persil haché, les herbes de Provence et la mie de pain râpée. Mélangez intimement, vous devez obtenir une sorte de pâte. Hors du feu, ajoutez le cognac, donnez quelques tours de moulin à poivre, salez modérément.

5 Garnissez chaque moule d'une cuillerée de farce. Enfournez à mi-hauteur et faites gratiner 4 à 5 minutes.

Cette recette est tout aussi délicieuse avec des moules de bouchot. Si vous les préférez ou si vous ne trouvez pas de moules d'Espagne, doublez simplement la quantité de moules.

Loup
au vert

Osez cet inhabituel mélange d'arômes,
il donne au bar une saveur incomparable

Pour 4 personnes

700 g de **bettes**

1 petit bouquet de **persil** plat

1 **oignon**

100 g de **beurre**

1 c. à s. de **raisins** secs

Sel • **Poivre** du moulin

3 c. à s. d'**huile d'olive**

2 c. à c. de graines de **fenouil**

3 gousses d'**ail**

10 cl de **vin blanc**

1 petite branche de **romarin**

1 branche de **thym**

1 **loup de mer** de 1,2 kg environ

1 **citron**

1 c. à s. de **câpres**

Préparation

1 Épluchez, lavez et hachez grossièrement les feuilles de bettes. Épluchez les côtes en ôtant soigneusement les fils et coupez-les en petits morceaux. Lavez et effeuillez le persil. Faites blanchir les bettes et le persil 6 à 8 minutes à l'eau bouillante salée. Égouttez. Préchauffez le four à 200 °C.

2 Épluchez et hachez l'oignon. Faites-le fondre dans une poêle avec 2 c. à soupe de beurre. Quand il est transparent, ajoutez les bettes, le persil et les raisins secs. Salez, poivrez, gardez au chaud.

3 Dans une cocotte suffisamment grande pour contenir le poisson, à défaut dans une poêle, faites doucement blondir les gousses d'ail non épluchées et les graines de fenouil avec 2 cuillerées à soupe d'huile d'olive. Mouillez avec le vin blanc, ajoutez les branches de thym et de romarin.

4 Lavez et épongez le poisson. Enduisez-le du reste d'huile d'olive et faites-le rôtir de toutes parts dans une grande poêle. Salez, poivrez, sans oublier l'intérieur, puis disposez le poisson dans la cocotte sur les aromates et poursuivez la cuisson 20 minutes au four. (À défaut de cocotte assez grande, transvasez les aromates dans un plat à four puis procédez de même.)

5 Pelez le citron à vif et coupez-le en fines rondelles. Faites fondre 3 cuillerées à soupe de beurre dans une poêle. Quand il est chaud mais non brûlant, ajoutez les rondelles de citron et les câpres.

6 Dressez les bettes sur le plat de service, disposez le loup par-dessus. Récupérez le jus de cuisson du poisson, fouettez-le avec le beurre citronné. Versez cette sauce sur le poisson et servez.

Index des recettes

Aumônières de saumon aux asperges vertes 20
Bar farci en croûte feuilletée 88
Bouillabaisse et sa rouille 44
Calmars marinés en friture 90
Carpaccio de la mer 16
Colin aux deux céleris 82
Crevettes en salade de mesclun au poivron 28
Darnes de saumon grillé et salade bicolore 81
Dorade aux haricots beurre 61
Dos de sandre à l'indienne 84
Encornets braisés au vin blanc 64
Filets de dorade aux olives et aux oignons 12
Filets de dorade aux spaghetti de légumes 70
Filets de flétan en papillotes 76
Filets de saumon au riesling et aux raisins 66
Filets de sole à l'orange 54
Fritto Misto du soleil 91
Gambas sautées à l'ail 19
Gigot de lotte aux moules 86
Huîtres chaudes au caviar 15
Lotte à la ratatouille 65
Lotte aux tagliatelle fraîches 68
Lotte grillée à l'ail 18
Loup au vert 94
Méli-mélo de fruits de mer en gratin 32
Mille-feuilles de crabe aux tomates 36
Moules à la provençale 58
Moules farcies à la bordelaise 92
Nage de langouste aux tomates 42
Noix de Saint-Jacques au pamplemousse rose 38
Pavés de turbot à la vinaigrette d'olives 62
Poisson fumé à la nordique 41
Poulpe au citron 14
Riz sauté aux crevettes et au poulet 69
Saint-Pierre à l'émulsion de poivrons 56
Salade de la mer aux asperges 30
Salade tiède d'encornets aux olives 35
Salade de moules à l'avocat 34
Sandre au beurre de cèpes sur lit d'épinards 80
Soupe d'huîtres aux tomates 49
Tartare de thon à la doucette 24
Terrine de truite fumée en gelée 23
Thon à l'étouffée 60
Tomates fourrées aux crevettes et à la ricotta 22
Truite de mer au barbecue 74
Truite de mer marinée à la scandinave 40
Turbot poêlé aux girolles et aux crevettes 78
Velouté de poireaux à la truite fumée 50
Velouté de tourteau à l'américaine 46
Zarzuela au piment d'Espelette 48

Crédits photographiques

Conception graphique : Georg Feigl, Verena Fleischmann, Barbara Markwitz
PAO : Katharina Wiethaus
Recettes : Éditions Zabert Sandmann
Textes : Kathrin Gritschneder, Edigna Hackelsberger, Kathrin Ullerich
Fabrication : Karin Mayer, Peter Karg-Cordes

Titre original : *Fisch und Meeresfrüchte*
Traduction : Corinne Tresca
Secrétaire d'édition : Catherine Pelché
Composition : *CMB* Graphic

Walter Cimbal : 9/d. ; Christian R. Schulz : 43, 45, 72-73, 85, 95 ; StockFood/Chris Alack : 41 ; StockFood/Uwe Bender : 23 ; StockFood/Harry Bischof : 6/g., 7/h. d. ; StockFood/Jean Cazals : 14, 15, 37, 63, 71, 79 ; StockFood/Brett Danton : 29 ; StockFood/James Duncan : 75 ; StockFood/Susie Eising : 18, 19, 51, 55, 57, 77, 87, 91 ; StockFood/S. et P. Eising : 4-5, 6/d., 7/h. g., 8, 9/h. g. et b. g., 10-11, 17, 26-27, 31, 33, 34, 35, 40, 48, 49, 52-53, 60, 61, 64, 65, 67, 68, 89, 90, 93 ; StockFood/Molly Hunter : 7/3e en partant du haut à gauche, 47 ; StockFood/James Jackson : 81 ; StockFood/Jörg Lehmann : 80 ; StockFood/Nicolas Leser : 13 ; StockFood/Losito & Losito snc : 22, StockFood/Marcialis : 7/b. d. ; StockFood/Len Mastri : 59 ; StockFood/Studio R. Schmitz : 21, 83 ; StockFood/Simon Smith : 39 ; StockFood/Maximilian Stock LTD : 2-3, 7/2e et 4e en partant du haut à gauche ; StockFood/Elizabeth Watt : 69 ; StockFood/Bernhard Winkelmann : 25.

ISBN : 2-263-03402-1
Code éditeur : S03402
Dépôt légal : DÉCEMBRE 2002
Imprimé en Italie
par Officine Grafiche de Agostini, Novara